江西省交通运输厅

江西省公路工程电子招标标准施工招标资格预审文件

（2014 年版）

赣交建管字〔2015〕33号
自2015年5月1日起施行

人民交通出版社股份有限公司
China Communications Press Co.,Ltd.

图书在版编目(CIP)数据

江西省公路工程电子招标标准施工招标资格预审文件：2014年版 / 王昭春，朱晗，俞文生主编. — 北京：人民交通出版社股份有限公司，2015.5

ISBN 978-7-114-12275-0

Ⅰ.①江… Ⅱ.①王… ②朱… ③俞… Ⅲ.①道路施工-招标-文件-江西省 Ⅳ.①U415.13

中国版本图书馆CIP数据核字(2015)第238187号

Jiangxisheng Gonglu Gongcheng Dianzi Zhaobiao Biaozhun Shigong Zhaobiao Zige Yushen Wenjian

书　　名：江西省公路工程电子招标标准施工招标资格预审文件(2014年版)
著 作 者：王昭春　朱　晗　俞文生
责任编辑：李　喆
出版发行：人民交通出版社股份有限公司
地　　址：(100011)北京市朝阳区安定门外外馆斜街3号
网　　址：www.ccpress.com.cn
销售电话：(010)59757973
总 经 销：人民交通出版社股份有限公司发行部
经　　销：各地新华书店
印　　刷：北京鑫正大印刷有限公司
开　　本：880×1230　1/16
印　　张：6
字　　数：110千
版　　次：2015年5月　第1版
印　　次：2015年5月　第1次印刷
书　　号：ISBN 978-7-114-12275-0
定　　价：25.00元

江西省交通运输厅文件

赣交建管字〔2015〕33号

江西省交通运输厅关于发布江西省公路工程电子招标标准施工招标文件和招标资格预审文件(2014年版)的通知

各设区市交通运输局、公路局,省直管试点县(市)交通运输局,厅直属各单位、省公路路政管理总队:

《江西省公路工程电子招标标准施工招标文件》(2014年版)和《江西省公路工程电子招标标准施工招标资格预审文件》(2014年版)已经厅务会议讨论通过,现予发布,自发布之日起实施。

全省高速公路、普通国省道公路项目应当使用《江西省公路工程电子招标标准施工招标文件》(2014年版)和《江西省公路工程电子招标标准施工招标资格预审文件》(2014年版),其他公路项目可参照执行。在具体项目招标过程中,招标人可根据项目实际情况,编制项目专用文件,与《江西省公路工程电子招标标准施工招标文件》(2014年版)、《江西省公路工程电子招标标准施工招标资格预审文件》(2014年版)共同使用,但不得违反九部委56号令的规定。

请各地交通运输主管部门加强对上述两标准文件贯彻落实情况的监督检查,并注意收集有关意见和建议,及时向我厅反馈。

(此件主动公开)

江西省交通运输厅

2015年4月30日

江西省交通运输厅办公室 2015年5月4日印发

《江西省公路工程电子招标标准施工招标文件》审定委员会

主任委员:朱　希

副主任委员:成　松　梁必康　王昭春　任东红

委　　员:李　旷　朱　晗　俞文生　丁光明　彭东领　徐重财　李青峰　邱文东

编写人员

主　　编:王昭春

副 主 编:朱　晗　俞文生

编写人员:丁光明　徐建平　樊友伟　汪晓红　彭东领　樊文胜　瞿　强　李青峰　旷小林　王运金　张龙生　吴文清　叶小可　黄小明　文旭卿　杨志峰　戴程琳　温俊峰　周　睿　王　健　廖晓锋　谢金龙

江西省公路工程电子招标系列标准招标文件编制说明

我省公路工程实施公开招投标二十多年来，招投标管理和招标文件编制已逐步实现规范化，招投标监管机构结合我省实际制定了一系列招投标监管制度。招投标做到了公开、公平、公正和规范，保护了国家利益、社会公共利益和招标投标活动当事人的合法权益，在提高经济效益、降低工程造价、保证项目质量等方面取得了显著成效，但是也存在个别围标串标、提供虚假业绩骗取中标等问题。

2010年9月，国务院办公厅《关于解决当前政府投资工程建设中带有普遍性问题意见的通知》中明确要求："推进招标文件标准化和规范化，加快电子招投标制度建设。"为了有效解决以往招标过程中存在的问题，从根源上最大限度地防止投标人围标串标和杜绝虚假资料，根据国家相关法律法规以及部委规章，我省于2012年在全国率先推行了高速公路主体工程资格后审电子招标，取得了显著成效。为在全省公路工程项目全面推行电子招标，配套编制了《江西省公路工程电子招标系列标准施工招标文件》及《江西省公路工程施工技术规范》(以下简称电子招标系列标准文件)。

电子招标系列标准文件的编制是以《中华人民共和国招标投标法》、《中华人民共和国合同法》、《中华人民共和国招标投标法实施条例》、交通运输部《公路工程施工招标投标管理办法》、国家八部委《电子招标投标办法》及国家和江西省行业标准等为依据，按照国家九部委《关于做好标准施工招标资格预审文件和标准施工招标文件贯彻实施工作的通知》的要求，以中华人民共和国《标准施工招标文件》和交通运输部《公路工程标准施工招标文件》为基础，结合我省公路工程建设特点，组织我省公路工程建设技术及管理专家经多次研讨编制而成。

电子招标系列标准文件编制从2012年万载至宜春高速公路项目首次采用电子招标后启动,历时一年多,于2013年初步编制完成。在进一步完善了电子交易系统后,在金溪至抚州、南昌至宁都、南昌至上栗等三个高速公路项目进行运用,并向国省道工程等全省交通建设项目推广。2014年,根据前期电子招标运行情况,再次组织相关专家进行研讨和全面征求意见,补充编制了《江西省公路工程施工技术规范》,形成了电子招标系列标准文件体系,并在宁都至定南、东乡至昌傅等八个高速公路项目进行使用。2014年12月,经江西省交通运输厅审查,正式作为江西省公路工程电子招标系列标准施工招标文件。

目前,我省的公路工程建设仍处于高速发展时期,制定电子招标系列标准文件可以规范公路工程电子招标投标工作,通过确定和固化电子招投标流程确保电子招标投标工作的顺利开展。

电子招标系列标准文件包括《公路工程电子招标标准施工资格预审文件》、《公路工程电子招标标准施工招标文件》(主体土建工程分册)、《公路工程电子招标标准施工招标文件》(交安设施与绿化工程分册)、《公路工程电子招标标准施工招标文件》(房建工程分册)、《公路工程电子招标标准施工招标文件》(机电工程分册)和《江西省公路工程施工技术规范》六册,主要对原公路工程标准文件以下内容进行了补充、细化和完善:

(1)标准资格预审文件的电子招标的申请人须知、资格审查办法;

(2)标准施工招标文件的电子招标的投标人须知、评标办法、江西省公路工程的合同专用条款和投标文件格式;

(3)技术规范是在现行公路工程标准规范以及总结我省公路工程建设经验成果的基础上,本着推广先进的管理理念和成熟工艺的原则,结合交通运输部《高速公路施工标准化技术指南》、《江西省高速公路施工质量控制要点》和《江西省高速公路项目标准化管理指南》、公路及相关行业有关的技术规范等文件,对《公路工程标准施工招标文件》(下册)技术规范进行了补充、细化,形成江西省标准文件技术规范部分；电子招标系列标准文件的编制出版有利于指导我省公路工程电子招标投标工作，提高招标投标工作质量和效率，预防招投标过程中违法违纪行为的发生；有利于加强项目建设合同管理、促进我省公路工程建设施工标准化工作，提高公路建设管理水平；有利于增强招标投标活动的公开性和透明度，降低招投标社会成本。

各使用单位或个人对电子招标系列标准文件的修改意见和建议，请及时向江西省交通运输厅反馈（地址：江西省南昌市八一大道275号，邮编：330003）。

使用说明

一、为加强公路工程施工招标管理，规范电子招标投标项目的资格预审文件编制工作，依据《中华人民共和国招标投标法》、《中华人民共和国招标投标法实施条例》、《电子招标投标办法》(国家发展和改革委员会令第20号)，江西省交通运输厅组织江西省高速公路投资集团有限责任公司、江西交通咨询公司和省内专家编写并经审定形成了《江西省公路工程电子招标标准施工招标资格预审文件》(2014年版)。

二、《江西省公路工程电子招标标准施工招标资格预审文件》是以《标准施工招标资格预审文件》(2007年版)(以下简称《标准资格预审文件》)和《公路工程标准施工招标资格预审文件》(2009年版)(以下简称《公路工程标准资格预审文件》)为依据，考虑江西省公路工程施工的招标特点和管理需要，以及电子招标投标的特点编制而成。《江西省公路工程电子招标标准施工招标资格预审文件》根据电子招标投标的特点，对《标准资格预审文件》和《公路工程标准资格预审文件》中不适用电子招标投标的内容作了细化和补充，其他内容不加修改地引用了《标准资格预审文件》和《公路工程标准资格预审文件》。

三、《江西省公路工程电子招标标准施工招标资格预审文件》适用于采用电子招标投标的各等级公路主体土建工程(路基、路面、桥梁、隧道)的施工招标资格预审，但不适用于以下两种情形的招标项目：设计和施工由同一承包人承担，接受联合体资格预审申请人。

四、招标人应根据《江西省公路工程电子招标标准施工招标资格预审文件》，按招标项目划分的类别编制资格预审文件。编制资格预审文件时，不得修改“资格预审公告”正文、“申请人须知”正文和“资格审查办法”正文。资格预审公告中以空格标示的内容由招标人填写，且应符合脚注的规定；“申请人须知”前附表和“资格审查办法”前附表中以空格标示的内容由招标人填写，其他未预留空格填写的内容则由招标人不加修改的引用。根据招标项目具体特点和实际需要补充的资格审查条件列入“资格审查条件（其他要求）”中，但交易系统目前尚不具备对该部分内容进行自动评审的功能。

五、招标人按照《江西省公路工程电子招标标准施工招标资格预审文件》第一章“资格预审公告”的格式编制完成资格预审公告后，将实际拟发布的资格预审公告编入出售的资格预审文件中，作为资格预审文件的组成部分。资格预审公告，应同时注明发布的所有媒介名称。

六、《江西省公路工程电子招标标准施工资格预审文件》第三章“资格审查办法”分为“合格制”和“有限数量制”两种，招标人应根据招标项目实际情况选用其中一种。

第三章“资格审查办法”前附表，应列明全部审查因素和审查标准，并在本章（前附表及正文）标明，申请人不满足其要求即不能通过资格预审的全部条款。申请人不能通过资格预审的条款应以醒目的方式提示。

七、招标人采用《江西省公路工程电子招标标准施工招标资格预审文件》进行资格预审的，招标时必须采用《江西省公路工程电子招标标准施工招标文件》。

八、请各有关单位注意在实践中总结经验，及时将发现的问题和修改建议函告江西省交通运输厅（地址：江西省南昌市八一大道275号江西省交通运输厅建管处，邮政编码：330003），以便修订时研用。

______________(项目名称)施工招标

资格预审文件

招标人:________________(盖电子公章)

______ 年 ____ 月 ____ 日

目　录

第一章　资格预审公告 …… 3
1. 招标条件 …… 3
2. 项目概况与招标范围 …… 3
3. 申请人资格要求 …… 3
4. 资格预审方法 …… 4
5. 资格预审文件的获取 …… 4
6. 资格预审申请文件的递交 …… 4
7. 发布公告的媒介 …… 5
8. 联系方式 …… 5
附表一　类别、子类别及标段划分一览表 …… 6
附表二　资质条件要求 …… 7
附表三　财务要求 …… 8
附表四　业绩要求 …… 9
附表五　资格审查条件(信誉要求) …… 10
附表六　项目经理和项目总工资格要求 …… 11
第二章　申请人须知 …… 15
申请人须知前附表 …… 15
附录1　资格审查条件(资质最低要求) …… 20
附录2　资格审查条件(财务最低要求) …… 21
附录3　资格审查条件(业绩最低要求) …… 22
附录4　资格审查条件(信誉最低要求) …… 23
附录5　资格审查条件(项目经理和项目总工最低要求) …… 24
附录6　资格审查条件(其他要求) …… 25
1. 总则 …… 26
1.1　项目概况 …… 26
1.2　资金来源和落实情况 …… 26
1.3　招标范围、计划工期和质量要求 …… 26
1.4　申请人资格要求 …… 26
1.5　语言文字 …… 27
1.6　费用承担 …… 27
2. 资格预审文件 …… 27
2.1　资格预审文件的组成 …… 27

2.2 资格预审文件的澄清 …… 27
2.3 资格预审文件的修改 …… 28
3. 资格预审申请文件的编制 …… 28
3.1 资格预审申请文件的组成 …… 28
3.2 资格预审申请文件的编制要求 …… 28
3.3 资格预审申请文件的装订、签字 …… 29
4. 资格预审申请文件的递交 …… 29
4.1 资格预审申请文件的制作 …… 29
4.2 资格预审申请文件的递交 …… 29
4.3 资格预审申请文件的解密 …… 29
5. 资格预审申请文件的审查 …… 29
5.1 审查委员会 …… 29
5.2 资格审查 …… 30
6. 通知和确认 …… 30
6.1 通知 …… 30
6.2 解释 …… 30
6.3 确认 …… 30
7. 申请人的资格改变 …… 30
8. 纪律与监督 …… 30
8.1 严禁贿赂 …… 30
8.2 不得干扰资格审查工作 …… 30
8.3 保密 …… 31
8.4 投诉 …… 31
9. 需要补充的其他内容 …… 31
9.1 申请规定 …… 31
9.2 资格预审申请文件的修改 …… 31
9.3 招标人的权利 …… 31
附表一 解密记录表 …… 32
附表二 各标段最多可通过的申请人数量记录表 …… 33
第三章 资格审查办法(合格制) …… 37
资格审查办法前附表 …… 37
1. 审查方法 …… 38
2. 审查标准 …… 38
2.1 初步审查标准 …… 38
2.2 详细审查标准 …… 38

3. 审查程序 …… 38
3.1　初步审查 …… 38
3.2　详细审查 …… 38
3.3　资格预审申请文件的澄清 …… 38
4. 审查结果 …… 39
4.1　提交审查报告 …… 39
4.2　重新进行资格预审或招标 …… 39
第三章　资格审查办法(有限数量制) …… 40
资格审查办法前附表 …… 40
1. 审查方法 …… 45
2. 审查标准 …… 45
2.1　初步审查标准 …… 45
2.2　详细审查标准 …… 45
2.3　评分标准 …… 45
3. 审查程序 …… 45
3.1　初步审查 …… 45
3.2　详细审查 …… 45
3.3　资格预审申请文件的澄清 …… 45
3.4　评分 …… 46
4. 审查结果 …… 46
4.1　提交审查报告 …… 46
4.2　重新进行资格预审或招标 …… 46
第四章　资格预审申请文件格式 …… 47
一、资格预审申请函 …… 53
二、法定代表人身份证明及授权委托书 …… 54
2-1　法定代表人身份证明 …… 54
2-2　授权委托书(如有) …… 55
三、申请人基本情况表 …… 56
表 3-1　申请人基本情况表 …… 56
表 3-1-1　关联企业一览表 …… 57
表 3-2　申请人企业组织结构框图 …… 58
表 3-3　申请人项目管理机构主要管理人员汇总表 …… 59
表 3-3-1　拟委任的项目经理资历表 …… 60
表 3-3-2　拟委任的项目经理(备选人)资历表 …… 61
表 3-3-3　拟委任的项目总工资历表 …… 62

表3-3-4　拟委任的项目总工(备选人)资历表 …… 63
四、近年财务状况表 …… 64
五、近年完成的类似项目情况汇总表 …… 65
表5-1　近年完成的类似项目情况汇总表(路基、路面工程) …… 65
表5-2　近年完成的类似项目情况汇总表(隧道工程) …… 66
表5-3　近年完成的类似项目情况汇总表(桥梁工程) …… 67
六、正在施工的和新承接的项目情况表 …… 68
七、近年申请人履约信誉情况表 …… 69
表7-1　近年履约信誉情况表 …… 69
表7-2　近年申请人获奖情况汇总表 …… 70
八、初步施工组织计划(如有) …… 71
九、其他材料(如有) …… 72
第五章　项目建设概况 …… 75
一、项目说明 …… 75
二、建设条件 …… 75
三、建设要求 …… 75
四、其他需要说明的情况 …… 75

第一章　资格预审公告

第一章　资格预审公告

________(项目名称)施工招标资格预审公告

1. 招标条件

本次招标项目________(项目名称)已由________(项目审批、核准或备案机关名称)以______(批文名称及编号)批准建设,项目业主为______,建设资金来自______(资金来源),项目出资比例为:________,招标人为______。项目已具备招标条件,现进行公开招标,特邀请有兴趣的潜在投标人(以下简称申请人)提出资格预审申请。

2. 项目概况与招标范围

________(说明本次招标项目的建设地点、规模、计划工期、招标范围等)。

本次招标划分为____个类别①,共____个标段,类别、子类别及标段划分详见附表一。

3. 申请人资格要求

3.1　本次资格预审要求申请人具备的资质条件、财务要求、业绩要求、信誉要求、项目经理和项目总工资格要求,见附表二～附表六,并在设备等方面具备相应的施工能力。

截至____年____月____日② 24 时 00 分,江西省交通建设市场信用信息管理系统(以下"简称信用系统")最新发布的公路施工企业________(序列名称)序列信用评价结果为本次资格预审使用的信用等级(以下简称"信用等级",除特别说明外均为此含义)。信用等级为D级的申请人不具有申请资格;未被评价的申请人,其信用等级根据江西省公路水运建设市场从业单位信用管理的有关办法确定。

截至____年____月____日③ 24 时 00 分,未在江西省公共资源交易系统(交通平台)(以下简称"交易系统")开设交通施工用户的从业单位,不具有申请资格;在截止时间之前,申请人未在交易系统完成登记④的资质、财务能力、业绩、人员和获奖情况,

---

① 若招标项目的某一类别内标段数量较多(>7个),招标人宜将项目的招标类别划分为多个子类别(子类别包含的标段数量一般为4～6个)。

② 截止日期应为公告发布的前一日。

③ 截止日期应为公告发布的前一日。

④ 投标人在交易系统交通用户库中录入的信息通过审核后,即为完成登记,该信息完成登记的时间指最近一次通过审核的时间。

评审时不予认可;申请人在交易系统完成登记的资质、财务能力、业绩、人员和获奖情况等信息,在截止时间后发生更改的,评审时以截止时间前采集的数据为准。

3.2 本次资格预审不接受联合体资格预审申请。

3.3 本次资格预审要求申请人只申请类别,不申请具体的子类别、标段。具有多个标段的类别,通过资格预审的申请人在交易系统投标报名后,以随机方式确定其所投子类别和标段。

申请人申请数量和通过数量的规定:

3.3.1 信用系统内信用等级评定为__________(信用等级)级的申请人,最多可对__________(具体数量)个类别进行资格预审申请,最多可通过__________(具体数量)个类别的资格预审申请。

3.3.2 信用系统内信用等级评定为__________(信用等级)级的申请人,在 1 个类别中最多可中__1__个标段,在本次招标项目最多可中__________(具体数量)个标段。

3.4 通过资格预审的关联企业不能在同一标段参与投标。关联企业指单位负责人为同一人或者存在控股、管理关系的不同单位。

3.5 为满足第 3.4 款的规定,可能出现在某类别通过了资格预审的关联企业成员不能获得最多允许投标资格的情况。

4. 资格预审方法

本次资格预审采用__________________(合格制/有限数量制)。

采用有限数量制的,每个标段最多通过的申请人数量限制在 15 ~20 家,最终通过的申请人数量在资格预审申请文件解密现场通过随机方式确定。

5. 资格预审文件的获取

5.1 请申请人于____年____月____日____时____分至____年____月____日____时________分(北京时间,下同),在交易系统中报名并支付费用后,在江西省公共资源交易系统(填写具体网址)下载资格预审文件及相关资料。参加多个类别资格预审申请的申请人,必须分别购买相应类别的资格预审文件,并对每个类别单独递交资格预审申请文件。

5.2 资格预审文件每套售价______元,参考资料每套售价______元,售后不退(参考资料可根据需要购买)。

6. 资格预审申请文件的递交

6.1 资格预审申请文件递交的截止时间(申请截止时间,下同)为____年____月____日____时____分,申请人应于申请截止时间前将资格预审申请文件(未另加说明时，资格预审申请文件均指电子文件）上传至交易系统。

6.2　资格预审申请文件逾期到达或者未到达交易系统的视为放弃本项目资格预审申请。

6.3　申请人应于____年____月____日____时____分至____时____分，由申请人代表持 CA 数字证书到__________（地址）进行资格预审申请文件解密，未在规定的时间内进行解密的视为放弃本次资格预审申请。

7. 发布公告的媒介

本次资格预审公告同时在________________（发布公告的媒介名称）上发布。

8. 联系方式

招 标 人：________________	招标代理机构：________________
地　　址：________________	地　　　　址：________________
邮政编码：________________	邮 政 编 码：________________
联 系 人：________________	联　系　人：________________
电　　话：________________	电　　　　话：________________
传　　真：________________	传　　　　真：________________

______年____月____日

附表一　类别、子类别及标段划分一览表

标段	类别	子类别	起讫桩号	长度	主要参考工程量

附表二　资质条件要求

施工企业资质等级要求
____类申请人必须同时具备以下资质(或____类申请人必须具备以下资质之一)： □ (资质名称)　(等级)及以上； □ (资质名称)　(等级)及以上； □ (资质名称)　(等级)及以上。

注:具体资质要求由招标人在满足国家相关法律法规前提下,根据招标项目具体特点和实际情况确定,但不得设置过高的资质要求。

附表三 财务要求

财务要求
在信用系统内信用等级评定为最高级的____类申请人的财务能力应同时满足： □ 申请人的注册资金不小于人民币____万元； □ 申请人的____年度的(以万元为单位的财务指标)不小于(或不大于)____万元； □ 申请人的____年度的(以百分比为单位的财务指标)不小于(或不大于)____%。 在信用系统内信用等级评定为其他等级的____类申请人的财务能力应同时满足： □ 申请人的注册资金不小于人民币____万元； □ 申请人的____年度的(以万元为单位的财务指标)不小于(或不大于)____万元； □ 申请人的____年度的(以百分比为单位的财务指标)不小于(或不大于)____%。

注：具体财务要求由招标人在满足国家相关法律法规前提下，根据招标项目具体特点和实际情况从上表中选择确定，不宜超过5项，且不得设置过高的要求。

附表四 业 绩 要 求

业绩要求
____类申请人近____年(指____年____月____日至____年____月____日,下同)的已完工程(指交易系统用户库采集的交工日期在前述时间内的工程)业绩应同时满足: □ 在一个标段内修建(建设性质)(车道数)车道及以上(公路等级)路基工程不少于____千米,且累计修建(建设性质)(车道数)车道及以上(公路等级)路基工程不少于____千米; □ 在一个标段内修建(建设性质)(车道数)车道及以上(公路等级)桥梁工程不少于____米,且累计修建(建设性质)(车道数)车道及以上(公路等级)桥梁工程不少于____米; □ 在一个标段内修建(建设性质)(车道数)车道及以上(公路等级)桥梁工程不少于____米的(桥梁类型)____座,且累计修建(建设性质)(车道数)车道及以上(公路等级)桥梁主跨不少于____米的(桥梁类型)____座; □ 累计修建(建设性质)(车道数)车道及以上(公路等级)桥梁主跨桥型为(主跨桥型)不少于____座; □ 在一个标段内修建(建设性质)(车道数)车道及以上(公路等级)隧道工程单洞不少于____米,且累计修建(建设性质)(车道数)车道及以上(公路等级)隧道工程单洞不少于____米; □ 在一个标段内修建(建设性质)(车道数)车道及以上(公路等级)隧道工程单洞不少于____米的(隧道规模)____座,且累计修建(建设性质)(车道数)车道及以上(公路等级)隧道工程单洞不少于____米的(隧道规模)____座; □ 在一个标段内修建(建设性质)(车道数)车道及以上(公路等级)(路面类型)路面工程表面层长度不少于____千米(双幅),且累计修建(建设性质)(车道数)车道及以上(公路等级)(路面类型)路面工程表面层长度不少于____千米(双幅); □ 在一个标段内修建(建设性质)(车道数)车道及以上(公路等级)(路面类型)路面工程表面层面积不少于____千平方米(双幅),且累计修建(建设性质)(车道数)车道及以上(公路等级)(路面类型)路面工程表面层面积不少于____千平方米(双幅); □ 修建(建设性质)(车道数)车道及以上(公路等级)合同金额不少于____万元的标段不少于____个。

注:具体业绩要求由招标人在满足国家相关法律法规前提下,根据招标项目具体特点和实际情况确定,但不得设置过高的业绩资格条件。

附表五　资格审查条件(信誉要求)

信誉要求
1. 未受到责令停产、停业的行政处罚,或未处于财务被接管、冻结、破产状态的情况。 2. 未被江西省交通运输厅及以上管理部门取消在江西省内的投标资格或禁止进入江西省公路建设市场且处于有效期内。 3. 未出现在全国建筑市场诚信信息平台上正受到住房和城乡建设部暂扣或吊销企业资质的处罚情况。 4. 无对本项目有重大影响的诉讼案件。 5. 最近3年(指____年____月____日至____年____月____日,下同)内,未发生骗取中标或严重违约或工程施工中存在有重大工程质量事故或重、特大安全事故的情况。 6. 在江西省交通建设市场信用信息管理系统最新发布的信用评价结果中,未被评为D级。 7. 申请人、申请人的法定代表人、委托代理人、拟任项目经理(及备选人)及项目总工(及备选人)近3年内无行贿犯罪记录。 8. 投标人及其从业人员近3年不存在江西省纪委驻江西省交通运输厅纪检监察部门查实(或认定)涉案金额累计在10万元及以上的行贿行为记录。

附表六　项目经理和项目总工资格要求

<table>
<tr><th>人　员</th><th>数　量</th><th>资 格 要 求</th></tr>
<tr><td>项目经理</td><td>1 人</td><td rowspan="2">具备(职称专业)(职称等级)职称;(注册建造师专业名称)专业(注册建造师等级)注册建造师;持有安全生产考核合格“B”类证书;年龄______周岁及以下</td></tr>
<tr><td>项目经理备选人</td><td>1 人</td></tr>
<tr><td>项目总工</td><td>1 人</td><td rowspan="2">具备(职称专业)(职称等级)职称;持有安全生产考核合格“B”类证书;年龄______周岁及以下</td></tr>
<tr><td>项目总工备选人</td><td>1 人</td></tr>
</table>

第二章　申请人须知

第二章　申请人须知

申请人须知前附表

条款号	条款名称	编列内容
1.1.2	招标人	名　称： 地　址： 联系人： 电　话：
1.1.3	招标代理机构	名　称： 地　址： 联系人： 电　话：
1.1.4	项目名称	
1.1.5	建设地点	
1.2.1	资金来源	
1.2.2	出资比例	
1.2.3	资金落实情况	
1.3.1	招标范围	
1.3.2	计划工期	计划工期：__________个月 计划开工时间：______年______月 计划竣工时间：______年______月
1.3.3	质量要求	标段工程交工验收的质量评定：________ 竣工验收的质量评定：__________
1.4.1	申请人资质条件、能力和信誉	资质条件：见附录1 财务要求：见附录2 业绩要求：见附录3 信誉要求：见附录4 项目经理、项目总工资格：见附录5 其他要求：见附录6
1.4.2	是否接受联合体资格预审申请	不接受
2.2.1	申请人要求网上澄清资格预审文件的截止时间	递交资格预审申请文件截止之日______天前
2.2.2	招标人网上澄清资格预审文件的截止时间	递交资格预审申请文件截止之日______天前

续上表

条款号	条款名称	编列内容
2.2.3	申请人确认收到资格预审文件澄清的时间	无须确认
2.3.1	招标人网上修改资格预审文件的截止时间	递交资格预审申请文件截止之日______天前
2.3.2	申请人确认收到资格预审文件修改的时间	无须确认
3.1.1	申请人需补充的其他材料	__________(由招标人明确)
3.2.3	近年财务状况的年份要求	__________年至__________年
3.2.4	近年完成的类似项目的年份要求	______年____月至______年____月
3.2.6	近年信誉情况的年份要求	______年____月至______年____月
3.2.7	项目经理(及备选人)和项目总工(及备选人)人员选择规定	第一章“资格预审公告”第3.3款规定申请人在本次招标项目中只允许中1个标段的,不同类别申请文件中填报的项目经理(及备选人)和项目总工(及备选人)允许重复;否则,申请人在不同类别申请文件中填报的项目经理(及备选人)和项目总工(及备选人)不允许重复
3.3.1	签字或盖章要求	第四章“资格预审申请文件格式”中规定需加盖电子签章的页面,申请人需加盖申请人单位电子公章或法定代表人电子签章
3.3.2	资格预审申请文件份数	资格预审阶段仅提交资格预审申请文件电子版(.JXTF),如中标再提供纸质资格预审申请文件正本一份,副本______份;中标人提供的纸质资格预审申请文件需与资格预审时提供的电子资格预审申请文件保持一致,如有不一致,以电子资格预审申请文件为准

续上表

条款号	条款名称	编列内容
3.3.3	资格预审申请文件的装订要求	中标人递交的纸质资格预审申请文件，应是电子资格预审申请文件的打印件，正本应逐页加盖申请人单位公章，纸质资格预审申请文件不得采用活页夹装订
4.1	资格预审申请文件的制作	4.1.1 申请人必须按交易系统规定的要求制作、上传资格预审申请文件，以保证申请文件的有效性和保密性； 4.1.2 申请人生成的资格预审申请文件统一命名为"XX 项目XX 类别资格预审申请文件"； 4.1.3 未按第 4.1.1 项要求制作的申请文件，交易系统将无法识别，视为无效申请
4.2	资格预审申请文件递交	4.2.1 资格预审申请文件递交的截止时间(申请截止时间)：____年____月____日____时____分； 4.2.2 申请人的资格预审申请文件应在第 4.2.1 项规定的申请截止时间前到达交易系统； 4.2.3 申请人所递交的申请文件不予退回； 4.2.4 申请文件逾期到达或者未到达交易系统的，视为放弃本次资格预审申请； 4.2.5 在特殊情况下，招标人如果决定延后申请截止时间，应在申请截止时间 3 天前，在江西省公共资源交易网以补遗的形式通知所有申请人延后申请截止时间。在此情况下，招标人和申请人的权利和义务相应延后至新的申请截止时间
4.3	资格预审申请文件解密	4.3.1 资格预审申请文件解密开始时间： 同资格预审申请文件递交的截止时间； 4.3.2 资格预审申请文件解密地点： ____________________________； 4.3.3 资格预审申请文件解密程序

续上表

条款号	条 款 名 称	编 列 内 容
4.3	资格预审申请文件解密	(1)申请人代表持 CA 数字证书进入解密现场; (2)宣布会场纪律、招标人代表及监标人等有关工作人员姓名; (3)检查各类别资格预审申请文件递交情况。若某类别文件递交总份数不能满足该类别平均每标段申请人至少三个的规定,则该类别不予解密; (4)申请人解密:申请人应在____年____月____日____时____分至____时____分对所递交的资格预审申请文件进行解密,未在规定的时间内进行解密的视为放弃本次资格预审申请; (5)按本章申请人须知前附表第 9.4 款方法随机确定各标段最多可通过的申请人数量(适用于有限数量制); (6)招标人解密:招标人按类别顺序对资格预审申请文件解密; (7)招标人、监标人、公证人等有关人员在“解密记录表”和“各标段最多可通过的申请人数量记录表”上签字确认; (8)解密结束
5.1.2	审查委员会人数	审查委员会构成:5 人及以上单数;其中专家人数不少于 2/3; 专家确定方式:从__________专家库中随机抽取
5.2	资格审查方法	□合格制 □有限数量制
6.1	资格预审结果的通知时间	招标人在资格预审评审结束后____天内通过交易系统将评审结果通知申请人,并向通过资格预审的申请人发出投标邀请书
6.3	资格预审结果的确认时间	申请人应在收到投标邀请书后______小时内(以发出时间为准),通过交易系统明确表示是否参加投标

续上表

条款号	条款名称	编列内容
8.4	监督部门	监督部门：__________ 地　　址：__________ 电　　话：__________ 传　　真：__________ 邮政编码：__________
9.1.1	申请人申请资格	见第一章"资格预审公告"第 3.3 款规定
需要补充的其他内容		
9.4	采用有限数量制的，每个标段最多通过的申请人数量限制在 15 ~ 20 家，最终通过的申请人数量在资格预审申请文件解密现场通过随机方式确定。各标段最多可通过的申请人数量按类别顺序随机抽取，每个类别仅抽取 1 次，其结果代表该类别下各标段最多可通过的申请人数量	
9.5	具有多个标段的类别，通过资格预审的申请人在交易系统投标报名后，以随机方式确定其所投子类别和标段。在此情况下，存在将关联企业成员划分到 1 个子类别的可能，为满足资格预审公告第 3.4 款的规定，在投标阶段可能出现该子类别的关联企业成员不能全部获得第二信封（报价文件）开标资格的情况	

附录 1　资格审查条件(资质最低要求)

施工企业资质等级要求
____类申请人必须同时具备以下资质(或____类申请人必须具备以下资质之一): □(资质名称)　(等级)及以上; □(资质名称)　(等级)及以上; □(资质名称)　(等级)及以上。

注:具体资质要求由招标人在满足国家相关法律法规前提下,根据招标项目具体特点和实际情况确定,但不得设置过高的资质要求。

附录 2　资格审查条件（财务最低要求）

财务要求
在信用系统内信用等级评定为最高级的____类申请人的财务能力应同时满足： □申请人的注册资金不小于人民币____万元； □申请人的____年度的（以万元为单位的财务指标）不小于（或不大于）____万元； □申请人的____年度的（以百分比为单位的财务指标）不小于（或不大于）____%。 在信用系统内信用等级评定为其他等级的____类申请人的财务能力应同时满足： □申请人的注册资金不小于人民币____万元； □申请人的____年度的（以万元为单位的财务指标）不小于（或不大于）____万元； □申请人的____年度的（以百分比为单位的财务指标）不小于（或不大于）____%。

注：具体财务要求由招标人在满足国家相关法律法规前提下，根据招标项目具体特点和实际情况从上表中选择确定，不宜超过 5 项，且不得设置过高的要求。

附录 3　资格审查条件(业绩最低要求)

业 绩 要 求
______类申请人近______年(指______年______月______日至______年______月______日,下同)的已完工程(指交易系统用户库采集的交工日期在前述时间内的工程)业绩应同时满足: □在一个标段内修建(建设性质)(车道数)车道及以上(公路等级)路基工程不少于____千米,且累计修建(建设性质)(车道数)车道及以上(公路等级)路基工程不少于____千米; □在一个标段内修建(建设性质)(车道数)车道及以上(公路等级)桥梁工程不少于____米,且累计修建(建设性质)(车道数)车道及以上(公路等级)桥梁工程不少于____米; □在一个标段内修建(建设性质)(车道数)车道及以上(公路等级)桥梁工程不少于____米的(桥梁类型)____座,且累计修建(建设性质)(车道数)车道及以上(公路等级)桥梁主跨不少于____米的(桥梁类型)____座; □累计修建(建设性质)(车道数)车道及以上(公路等级)桥梁主跨桥型为(主跨桥型)不少于____座; □在一个标段内修建(建设性质)(车道数)车道及以上(公路等级)隧道工程单洞不少于____米,且累计修建(建设性质)(车道数)车道及以上(公路等级)隧道工程单洞不少于____米; □在一个标段内修建(建设性质)(车道数)车道及以上(公路等级)隧道工程单洞不少于____米的(隧道规模)____座,且累计修建(建设性质)(车道数)车道及以上(公路等级)隧道工程单洞不少于____米的(隧道规模)____座; □在一个标段内修建(建设性质)(车道数)车道及以上(公路等级)(路面类型)路面工程表面层长度不少于____千米(双幅),且累计修建(建设性质)(车道数)车道及以上(公路等级)(路面类型)路面工程表面层长度不少于____千米(双幅); □在一个标段内修建(建设性质)(车道数)车道及以上(公路等级)(路面类型)路面工程表面层面积不少于____千平方米(双幅),且累计修建(建设性质)(车道数)车道及以上(公路等级)(路面类型)路面工程表面层面积不少于____千平方米(双幅); □修建(建设性质)(车道数)车道及以上(公路等级)合同金额不少于____万元的标段不少于____个。

注:具体业绩要求由招标人在满足国家相关法律法规前提下,根据招标项目具体特点和实际情况从上表中选择确定,但不得设置过高的业绩条件。

附录 4　资格审查条件(信誉最低要求)

信 誉 要 求
1. 未受到责令停产、停业的行政处罚或未处于财务被接管、冻结、破产状态的情况。 2. 未被江西省交通运输厅及以上管理部门取消在江西省内的投标资格或禁止进入江西省公路建设市场且处于有效期内。 3. 未出现在全国建筑市场诚信信息平台上正受到住房和城乡建设部暂扣或吊销企业资质的处罚情况。 4. 无对本项目有重大影响的诉讼案件。 5. 最近 3 年内未发生骗取中标或严重违约或工程施工中存在有重大工程质量事故或重、特大安全事故的情况。 6. 在江西省交通建设市场信用信息管理系统最新发布的信用评价结果中,未被评为 D 级。 7. 申请人、申请人的法定代表人、委托代理人、拟任项目经理(及备选人)及项目总工(及备选人)近 3 年内无行贿犯罪记录。 8. 投标人及其从业人员近 3 年不存在江西省纪委驻江西省交通运输厅纪检监察部门查实(或认定)涉案金额累计在 10 万元及以上的行贿行为记录。

附录5 资格审查条件(项目经理和项目总工最低要求)

人员	数量	资格要求
项目经理	1人	具备(职称专业)(职称等级)职称;(注册建造师专业名称)专业(注册建造师等级)注册建造师;持有安全生产考核合格"B"类证书;年龄____周岁及(含)以下
项目经理备选人	1人	
项目总工	1人	具备(职称专业)(职称等级)职称;持有安全生产考核合格"B"类证书;年龄____周岁及(含)以下
项目总工备选人	1人	

附录6　资格审查条件(其他要求)

其他要求

注:除特殊情况外,不得设置其他要求。

1. 总则

1.1 项目概况

1.1.1 根据《中华人民共和国招标投标法》等有关法律、法规和规章的规定,本招标项目已具备招标条件,现进行公开招标,特邀请有兴趣承担本项目施工的申请人提出资格预审申请。

1.1.2 本招标项目招标人:见申请人须知前附表。

1.1.3 本项目招标代理机构:见申请人须知前附表。

1.1.4 本招标项目名称:见申请人须知前附表。

1.1.5 本项目建设地点:见申请人须知前附表。

1.2 资金来源和落实情况

1.2.1 本招标项目的资金来源:见申请人须知前附表。

1.2.2 本招标项目的出资比例:见申请人须知前附表。

1.2.3 本招标项目的资金落实情况:见申请人须知前附表。

1.3 招标范围、计划工期和质量要求

1.3.1 本次招标范围:见申请人须知前附表。

1.3.2 本招标项目的计划工期:见申请人须知前附表。

1.3.3 本招标项目的质量要求:见申请人须知前附表。

1.4 申请人资格要求

1.4.1 申请人应具备承担本项目施工的资质条件、能力和信誉。

(1)资质条件:见申请人须知前附表;

(2)财务要求:见申请人须知前附表;

(3)业绩要求:见申请人须知前附表;

(4)信誉要求:见申请人须知前附表;

(5)项目经理和项目总工资格:见申请人须知前附表;

(6)其他要求:见申请人须知前附表。

1.4.2 本次招标不接受联合体申请资格预审。

1.4.3 申请人不得存在下列情形之一:

(1)为招标人不具有独立法人资格的附属机构(单位);

(2)为本标段前期准备提供设计或咨询服务的,但设计施工总承包的除外;

(3)为本标段的监理人;

(4)为本标段的代建人;

(5)为本标段提供招标代理服务的;

(6)与本标段的监理人或代建人或招标代理机构同为一个法定代表人的;

(7)与本标段的监理人或代建人或招标代理机构相互控股或参股的;

(8)与本标段的监理人或代建人或招标代理机构相互任职或工作的;

(9)被责令停业的;

(10)被暂停或取消投标资格的;

(11)财产被接管或冻结的;

(12)在最近三年内有骗取中标或严重违约或重大工程质量问题的;

(13)涉及正在诉讼的案件,或涉及正在诉讼的案件但经审查委员会认定会对承担本项目造成重大影响的;

(14)被省级及以上交通主管部门取消项目所在地的投标资格或禁止进入该区域公路建设市场且在有效期内的;

(15)为投资参股本项目的法人单位。

1.5　语言文字

除专用术语外,来往文件均使用中文。必要时专用术语应附有中文注释。

1.6　费用承担

申请人准备和参加资格预审发生的费用自理。

2. 资格预审文件

2.1　资格预审文件的组成

2.1.1　本资格预审文件包括资格预审公告、申请人须知、资格审查办法、资格预审申请文件格式、项目建设概况,以及根据本章第2.2款对资格预审文件的澄清和第2.3款对资格预审文件的修改。

2.1.2　当资格预审文件、资格预审文件的澄清或修改等在同一内容的表述上不一致时,以最后发出的补遗书为准。

2.2　资格预审文件的澄清

2.2.1　申请人应仔细阅读和检查资格预审文件的全部内容。如发现缺页或附件不全,应及时向招标人提出,以便补齐。如有疑问,应在申请人须知前附表规定的时间前在交易系统中提出疑问,要求招标人对资格预审文件予以澄清。

2.2.2　招标人应在申请人须知前附表规定的时间前,在交易系统中将澄清内容以补遗书形式发给所有购买资格预审文件的申请人,但不指明澄清问题的来源。招标人有责任保证补遗书到达所有购买资格预审文件的申请人的用户系统。

2.2.3　申请人在收到澄清后,应在申请人须知前附表规定的时间内确认已收到该澄清。

2.3 资格预审文件的修改

2.3.1 在申请人须知前附表规定的时间前,招标人可以补遗书形式修改资格预审文件,并通知所有已购买资格预审文件的申请人。如果修改发出的时间距递交资格预审申请文件截止时间不足3天,应相应延长递交资格预审申请文件截止时间。招标人有责任保证补遗书到达所有购买资格预审文件的申请人的用户系统。

2.3.2 申请人收到修改内容后,应在申请人须知前附表规定的时间内确认已收到该修改。

3. 资格预审申请文件的编制

3.1 资格预审申请文件的组成

资格预审申请文件应包括下列内容:

(1)资格预审申请函;

(2)法定代表人身份证明及授权委托书;

(3)申请人基本情况表;

(4)近年财务状况表;

(5)近年完成的类似项目情况表;

(6)正在施工和新承接的项目情况表;

(7)近年申请人履约信誉情况;

(8)初步施工组织计划(如有);

(9)其他材料:见申请人须知前附表。

3.2 资格预审申请文件的编制要求

3.2.1 资格预审申请文件应按第四章"资格预审申请文件格式"进行编写,如有必要,可以增加附页,并作为资格预审申请文件的组成部分。

3.2.2 "申请人基本情况表"中填写的企业法人营业执照号、资质等级、安全生产许可证号及有效期、基本账户开户银行和基本账户号等,应与申请人在交易系统中完成登记的信息一致。

"申请人项目管理机构主要管理人员汇总表"中填报的项目经理(以及备选人)和项目总工(以及备选人),及其技术职称、资格审查条件所要求的其他相关证书(如建造师注册证书号、安全生产考核合格证书号等),均应在交易系统中完成登记。

"拟委任的项目经理(及备选人)和项目总工(及备选人)资历表"中填报的身份证号、职称、资格审查条件所要求的其他相关证书(如建造师注册证书号、安全生产考核合格证书号等)、业绩和获奖情况,均应在交易系统中完成登记。

3.2.3 "近年财务状况表"中填报的数据应与交易系统中完成登记的数据一致,具体年份要求见申请人须知前附表。

3.2.4　“近年完成的类似项目情况汇总表”中填报的项目应在交易系统完成登记，具体年份要求见申请人须知前附表。

3.2.5　“正在施工和新承接的项目情况表”，每张表格只填写一个项目，并标明序号。

3.2.6　“近年申请人履约信誉情况表”应说明相关情况，并附相关证明文件，申请人填报的获奖情况应在交易系统完成登记，具体年份要求见申请人须知前附表。

3.2.7　申请人在不同类别填报的项目经理（及备选人）和项目总工（及备选人）人员选择规定：见申请人须知前附表。

3.2.8　招标人将进一步核查申请人在申请文件中提供的材料，若在评审期间发现申请人提供了虚假资料，审查委员会将否决其申请，同时招标人将申请人以上弄虚作假行为上报省级交通主管部门，作为不良记录纳入信用系统。

3.3　资格预审申请文件的装订、签字

3.3.1　资格预审申请文件签字、盖章要求：见申请人须知前附表。

3.3.2　资格预审申请文件份数：见申请人须知前附表。

3.3.3　资格预审申请文件的装订要求：见申请人须知前附表。

4. 资格预审申请文件的递交

4.1　资格预审申请文件的制作

见申请人须知前附表。

4.2　资格预审申请文件的递交

见申请人须知前附表。

4.3　资格预审申请文件的解密

见申请人须知前附表。

5. 资格预审申请文件的审查

5.1　审查委员会

5.1.1　资格预审申请文件由招标人依法组建的审查委员会负责审查。审查委员会参照《中华人民共和国招标投标法》第三十七条规定组建。

5.1.2　审查委员会人数：见申请人须知前附表。

5.2 资格审查

审查委员会根据申请人须知前附表规定的方法和第三章“资格审查办法”中规定的审查标准,对所有已受理的资格预审申请文件进行审查。没有规定的方法和标准不得作为审查依据。

6. 通知和确认

6.1 通知

见申请人须知前附表。

6.2 解释

应申请人书面要求,招标人应对资格预审结果做出解释,但不保证申请人对解释内容满意。

6.3 确认

通过资格预审的申请人收到投标邀请书后,应在申请人须知前附表规定的时间内通过交易系统明确表示是否参加投标。在申请人须知前附表规定时间内未表示是否参加投标或明确表示不参加投标的,不得再参加投标。因此造成潜在投标人数量不足 3 个的,招标人重新组织资格预审或不再组织资格预审而直接招标[①]。

7. 申请人的资格改变

通过资格预审的申请人组织机构、财务能力、信誉情况等资格条件发生变化,使其实质上不再满足第三章“资格审查办法”规定标准的,其投标不被接受。

8. 纪律与监督

8.1 严禁贿赂

严禁申请人向招标人、审查委员会成员和与审查活动有关的其他工作人员行贿。在资格预审期间,不得邀请招标人、审查委员会成员以及与审查活动有关的其他工作人员到申请人单位参观考察,或出席申请人主办、赞助的任何活动。

8.2 不得干扰资格审查工作

申请人不得以任何方式干扰、影响资格预审的审查工作,否则将导致其不能通过资

① 直接招标是指直接采用资格后审方式招标,下同。

格预审。

8.3　保密

招标人、审查委员会成员，以及与审查活动有关的其他工作人员应对资格预审申请文件的审查、比较进行保密，不得在资格预审结果公布前透露资格预审结果，不得向他人透露可能影响公平竞争的有关情况。

8.4　投诉

申请人和其他利害关系人认为本次资格预审活动违反法律、法规和规章规定的，有权向有关行政监督部门投诉。

监督部门的联系方式见申请人须知前附表。

9. 需要补充的其他内容

9.1　申请规定

9.1.1　每个申请人可提出资格预审申请和允许中标的标段数应符合申请人须知前附表的规定。

9.1.2　申请人提交的资格预审申请文件（初步施工组织计划除外）将作为施工合同文件的组成部分。除招标文件另有规定外，申请人在资格预审申请文件中填报的项目经理（以及备选人）和项目总工（以及备选人）不允许更换。

9.1.3　自购买资格预审文件之日起，申请人应保证其提供的联系方式（电话、传真、电子邮件）一直有效，以保证往来函件（资格预审文件的澄清、修改等）能及时通知申请人，并能及时反馈信息，否则招标人不承担由此引起的一切后果。

9.2　资格预审申请文件的修改

资格预审申请文件按要求到达交易系统后，在规定的申请截止时间前，申请人可以撤回其申请文件，并可重新编制其申请文件，重新编制的申请文件的递交应符合本章第4.2款的规定。

9.3　招标人的权利

招标人有对资格预审申请文件进行核实和澄清的权利，若招标人在资格审查时或必要的调查过程中发现申请人有弄虚作假行为，将取消其资格预审资格，并将其弄虚作假行为上报省级交通主管部门，作为不良记录纳入信用系统。

需要补充的其他内容：见申请人须知前附表。

附表一　解密记录表

______(项目名称)______类别

资格预审申请文件解密记录表

解密时间:______年____月____日____时____分

序号	申请人名称	解密情况	备注

招标人:__________　　监标人:__________　　公证员:__________

附表二　各标段最多可通过的申请人数量记录表

________(项目名称)

各标段最多可通过的申请人数量记录表

时间:______年____月____日

类别	包含的子类别	包含的标段	最多可通过的申请人数量	抽取数量的申请人名称	申请人代表签名

招标人:__________　　监标人:__________　　公证员:__________

第三章　资格审查办法

第三章　资格审查办法(合格制)

资格审查办法前附表

条款号		评审因素与标准
2.1	初步审查标准	(1)资格预审申请文件上法定代表人的电子签名、申请人单位的电子签章齐全,符合资格预审文件的规定; (2)资格预审申请文件按照资格预审文件规定的格式、内容填写,字迹清晰可辨; (3)提交资格预审申请文件的类别必须与购买资格预审文件的类别一致; (4)资格预审申请文件没有对招标人的权利提出削弱性或限制性要求,没有对申请人的责任和义务提出实质性修改; ……
2.2	详细审查标准	(1)申请人具备有效的营业执照、资质证书、安全生产许可证和基本账户开户许可证; (2)申请人的资质等级符合第二章“申请人须知”第1.4.1项规定; (3)申请人的财务状况符合第二章“申请人须知”第1.4.1项规定; (4)申请人的类似项目业绩符合第二章“申请人须知”第1.4.1项规定; (5)申请人的信誉符合第二章“申请人须知”第1.4.1项规定; (6)申请人的项目经理(及备选人)和项目总工(及备选人)资格符合第二章“申请人须知”第1.4.1项规定; (7)申请人的其他要求符合第二章“申请人须知”第1.4.1项规定; (8)申请人在初步施工组织计划(如有)中承诺的质量目标、工期目标(包括总工期、节点工期)、安全目标均满足本类别的施工要求; (9)申请人不存在第二章“申请人须知”第1.4.3项规定的任何一种情形; ……

1. 审查方法

本次资格预审采用合格制。凡符合本章第2.1款和第2.2款规定审查标准的申请人均通过资格预审。

2. 审查标准

2.1 初步审查标准

初步审查标准:见资格审查办法前附表。

2.2 详细审查标准

详细审查标准:见资格审查办法前附表。

3. 审查程序

3.1 初步审查

3.1.1 审查委员会依据本章第2.1款规定的标准,对资格预审申请文件进行初步审查。有一项因素不符合审查标准的,不能通过资格预审。

3.1.2 审查委员会可以要求申请人提交第二章“申请人须知”第3.2.2项至第3.2.6项规定的有关证明和证件的原件,以便核验。

3.2 详细审查

3.2.1 审查委员会依据本章第2.2款规定的标准,对通过初步审查的资格预审申请文件进行详细审查。有一项因素不符合审查标准的,不能通过资格预审。

3.2.2 通过资格预审的申请人除应满足本章第2.1款、第2.2款规定的审查标准外,还不得存在下列任何一种情形:

(1)不按审查委员会要求澄清或说明的;

(2)有第二章“申请人须知”第1.4.3项规定的任何一种情形的;

(3)在资格预审过程中弄虚作假、行贿或有其他违法违规行为的。

3.3 资格预审申请文件的澄清

在审查过程中,审查委员会可以书面形式或通过交易系统,要求申请人对所提交的资格预审申请文件中不明确的内容进行必要的澄清或说明。申请人的澄清或说明应采用书面形式或通过交易系统进行,并不得改变资格预审申请文件的实质性内容。申请人的澄清和说明内容属于资格预审申请文件的组成部分。招标人和审查委员会不接受申请人主动提出的澄清或说明。

4. 审查结果

4.1　提交审查报告

审查委员会按照本章第3条规定的程序对资格预审申请文件完成审查后,确定通过资格预审的申请人名单,并向招标人提交审查报告。

4.2　重新进行资格预审或招标

某类别通过的资格预审申请人的投标资格数不满足平均每个标段3个的,招标人对该类别重新组织资格预审或不再组织资格预审而直接招标。

第三章　资格审查办法(有限数量制)

资格审查办法前附表

条款号		条款内容	编列内容
1		通过资格预审的人数	本次资格预审采用有限数量制。审查委员会依据本章规定的审查标准和程序,对通过初步审查和详细审查的资格预审申请文件进行量化打分,通过初步审查和详细审查的申请人,按综合得分由高到低的顺序排序,各类别通过资格预审的资格数不超过该类别下各标段根据第二章第 9.4 款规定确定的数值之和。 根据资格预审公告第 3.3 款申请人最多通过类别数量的规定,若申请人综合得分排名靠前的类别数多于上述数量,则按资格预审申请函中标明的优先选择顺序,确定其通过资格预审审查的类别。 根据资格预审公告第 3.4 款规定,同一关联企业组(在同一类别中获得多个标段投标资格的一个申请人视为一个关联企业组)可通过资格预审的数量不超过在该类别的标段数量,同一关联企业组中的申请人按综合得分排序依次获得投标资格
2		审查因素与标准	
2.1	初步审查标准		(1)资格预审申请文件上法定代表人的电子签名、申请人单位的电子签章齐全,符合资格预审文件的规定; (2)资格预审申请文件按照资格预审文件规定的格式、内容填写,字迹清晰可辨; (3)提交资格预审申请文件的类别必须与购买资格预审文件的类别一致; (4)资格预审申请文件没有对招标人的权利提出削弱性或限制性要求,没有对申请人的责任和义务提出实质性修改; ……
2.2	详细审查标准		(1)申请人具备有效的营业执照、资质证书、安全生产许可证和基本账户开户许可证; (2)申请人的资质等级符合第二章“申请人须知”第 1.4.1 项规定; (3)申请人的财务状况符合第二章“申请人须知”第 1.4.1 项规定; (4)申请人的类似项目业绩符合第二章“申请人须知”第 1.4.1 项规定; (5)申请人的信誉符合第二章“申请人须知”第 1.4.1 项规定; (6)申请人的项目经理(及备选人)和项目总工(及备选人)资格符合第二章“申请人须知”第1.4.1项规定;

续上表

<table>
<tr><th colspan="2">条款号</th><th>条款内容</th><th colspan="4">编 列 内 容</th></tr>
<tr><td>2.2</td><td>详细审查标准</td><td colspan="5">(7)申请人的其他要求符合第二章“申请人须知”第1.4.1项规定;
(8)申请人在初步施工组织计划(如有)中承诺的质量目标、工期目标(包括总工期、节点工期)、安全目标均满足本类别的施工要求;
(9)申请人不存在第二章“申请人须知”第1.4.3项规定的任何一种情形;
……</td></tr>
<tr><td rowspan="9">2.3</td><td rowspan="9">评分标准</td><td colspan="4">评分因素与权重分值</td><td rowspan="2">评 分 标 准</td></tr>
<tr><td>评分因素</td><td>评分因素权重分值</td><td>各评分因素细分项</td><td>分值</td></tr>
<tr><td colspan="5">____类别</td></tr>
<tr><td rowspan="5">拟投入本类别的项目经理(及备选人)和项目总工(及备选人)资历</td><td rowspan="5">____分
(15~25)</td><td>基本分</td><td></td><td>满足最低要求得基本分____分</td></tr>
<tr><td>职称加分</td><td></td><td>项目经理具有(职称等级)及以上职称的,加____分;项目总工具有(职称等级)及以上职称的,加____分</td></tr>
<tr><td>荣誉加分</td><td></td><td>项目经理近____年获得(荣誉类别)荣誉表彰的,每次加____分,本项最多加____分;项目总工近____年获得(荣誉类别)荣誉表彰的,每次加____分,本项最多加____分</td></tr>
<tr><td>业绩加分</td><td></td><td>项目经理近____年担任过(公路等级)(所在岗位)____个及以上的,每增加1个加____分;本项最多加____分;项目总工近____年担任过(公路等级)(所在岗位)____个及以上的,每增加1个加____分</td></tr>
<tr><td colspan="3">项目经理和项目总工的得分,以正选或备选人员得分低者计入总分</td></tr>
</table>

续上表

<table>
<tr><th colspan="2">条款号</th><th>条款内容</th><th colspan="5">编 列 内 容</th></tr>
<tr><td rowspan="9">2.3</td><td rowspan="9">评分标准</td><td colspan="5">评分因素与权重分值</td><td rowspan="2">评 分 标 准</td></tr>
<tr><td>评分因素</td><td>评分因素权重分值</td><td>各评分因素细分项</td><td>分值</td></tr>
<tr><td colspan="5">____类别</td></tr>
<tr><td rowspan="5">类似工程施工经验</td><td rowspan="5">____分
(20~30)</td><td>基本分</td><td></td><td>满足最低要求得基本分____分</td></tr>
<tr><td>资质加分</td><td></td><td>具有(资质等级)或以上加____分</td></tr>
<tr><td>合同金额加分</td><td></td><td>近______年累计每增加修建(建设性质)(车道数)车道及以上(公路等级)合同金额 ______万元(不足部分不计),加 ______分,本项最多加______分</td></tr>
<tr><td>路基工程加分</td><td></td><td>近______年累计每增加修建(建设性质)(车道数)车道及以上(公路等级)路基工程______千米(不足部分不计),加______分,本项最多加______分</td></tr>
<tr><td>桥梁工程加分</td><td></td><td>近______年累计每增加修建(建设性质)(车道数)车道及以上(公路等级)桥梁工程不少于______米的______(桥梁类型)1 座,加______分,本项最多加______分;
近______年累计每增加修建(建设性质)(车道数)车道及以上(公路等级)桥梁主跨为(主跨桥型)(主跨跨径不少于　米)的桥梁工程 1 座,加______分,本项最多加______分</td></tr>
</table>

续上表

<table>
<tr><th colspan="2">条款号</th><th>条款内容</th><th colspan="4">编 列 内 容</th></tr>
<tr><td rowspan="11">2.3</td><td rowspan="11">评分标准</td><td colspan="4">评分因素与权重分值</td><td rowspan="2">评 分 标 准</td></tr>
<tr><td>评分因素</td><td>评分因素权重分值</td><td>各评分因素细分项</td><td>分值</td></tr>
<tr><td colspan="5">____类别</td></tr>
<tr><td rowspan="2">类似工程施工经验</td><td rowspan="2">____分
(20～30)</td><td>隧道工程加分</td><td></td><td>近______年累计每增加修建(建设性质)(车道数)车道及以上(公路等级)隧道工程单洞______米(不足部分不计),加______分,本项最多加______分;
近______年累计每增加修建(建设性质)(车道数)车道及以上(公路等级)隧道工程单洞不少于______米的(隧道规模)1 座,加______分,本项最多加______分</td></tr>
<tr><td>路面工程加分</td><td></td><td>近______年累计每增加修建(建设性质)(车道数)车道及以上(公路等级)(路面类型)路面工程表面层______千平方米(不足部分不计),加______分,本项最多加______分</td></tr>
<tr><td rowspan="3">履约信誉</td><td rowspan="3">____分
(20～30)</td><td>基本分</td><td></td><td>满足最低要求得基本分____分</td></tr>
<tr><td>信用等级加分</td><td></td><td>信用等级评价为(信用等级)级,加____分;
……</td></tr>
<tr><td>获奖加分</td><td></td><td>近____年申请人(获奖项目类型)项目获(获奖类别)奖项,每个加____ 分,本项最多加____分;
……</td></tr>
</table>

续上表

条款号	条款内容	编列内容				
2.3	评分标准	评分因素与权重分值				评分标准
		评分因素	评分因素权重分值	各评分因素细分项	分值	
		____类别				
		财务能力	____分 (10~20)	基本分		满足最低要求得基本分____分
				财务指标加分		注册资金多于最低要求的,每多____万元(不足部分不计)加____分,本项最多加____分
		初步施工组织计划(如有)	____分 (0~15)	基本分		施工组织设计内容编制基本齐全,得基本分____分
				进度安排加分		合理加____~____分,较合理加____~____分,一般加____~____分
				施工方案加分		合理加____~____分,较合理加____~____分,一般加____~____分
				保证措施加分		合理加____~____分,较合理加____~____分,一般加____~____分
				质量安全目标加分		合理加____~____分,较合理加____~____分,一般加____~____分
		______类别				
		……				

注:“拟投入本标段的项目经理(及备选人)和项目总工(及备选人)资历、初步施工组织计划”两项评分因素,省重点交通工程项目不得设置加分项,其他交通工程项目根据项目实际情况设置,但两评分因素的加分总分值不宜超过5分。

1. 审查方法

审查方法:见资格审查办法前附表。

2. 审查标准

2.1　初步审查标准

初步审查标准:见资格审查办法前附表。

2.2　详细审查标准

详细审查标准:见资格审查办法前附表。

2.3　评分标准

评分标准:见资格审查办法前附表。

3. 审查程序

3.1　初步审查

3.1.1　审查委员会依据本章第2.1款规定的标准,对资格预审申请文件进行初步审查。有一项因素不符合审查标准的,不能通过资格预审。

3.1.2　审查委员会可以要求申请人提交第二章“申请人须知”第3.2.2项至第3.2.6项规定的有关证明和证件的原件,以便核验。

3.2　详细审查

3.2.1　审查委员会依据本章第2.2款规定的标准,对通过初步审查的资格预审申请文件进行详细审查。有一项因素不符合审查标准的,不能通过资格预审。

3.2.2　通过详细审查的申请人,除应满足本章第2.1款、第2.2款规定的审查标准外,还不得存在下列任何一种情形:

(1)不按审查委员会要求澄清或说明的;

(2)有第二章“申请人须知”第1.4.3项规定的任何一种情形的;

(3)在资格预审过程中弄虚作假、行贿或有其他违法违规行为的。

3.3　资格预审申请文件的澄清

在审查过程中,审查委员会可以书面形式或通过交易系统,要求申请人对所提交的资格预审申请文件中不明确的内容进行必要的澄清或说明。申请人的澄清或说明采用书面形式或通过交易系统进行,并不得改变资格预审申请文件的实质性内容。申请人的澄清和说明内容属于资格预审申请文件的组成部分。招标人和审查委员会不接受申请人主动提出的澄清或说明。

3.4 评分

3.4.1 某类别通过详细审查的申请人的投标资格数不少于平均每个标段 3 个,且没有超过本章第 1 条规定数量的,均通过资格预审。

3.4.2 审查委员会依据本章第 2.3 款评分标准,对通过详细审查的申请人进行评分,其各项得分以审查委员会成员打分(去掉一个最高分和一个最低分)的平均值确定,最后得分精确到小数点后第 2 位(小数点后第 3 位四舍五入)。审查委员会按得分由高到低的顺序进行排序,综合得分相同时,则依次以信用等级、业绩得分、信誉得分、注册资金高低进行排序。

4. 审查结果

4.1 提交审查报告

审查委员会按照本章第 3 条规定的程序对资格预审申请文件完成审查后,确定通过资格预审的申请人名单,并向招标人提交审查报告。

4.2 重新进行资格预审或招标

某类别通过的资格预审申请人的投标资格数不满足平均每个标段 3 个的,招标人对该类别重新组织资格预审或不再组织资格预审而直接招标。

第四章　资格预审申请文件格式

江西省

______________（项目名称）_______类别施工招标

资格预审申请文件

申请人：________________（盖申请人单位电子公章）

______ 年 ____ 月 ____ 日

目　　录

一、资格预审申请函
二、法定代表人身份证明及授权委托书
2-1　法定代表人身份证明
2-2　授权委托书(如有)
三、申请人基本情况表
表3-1　申请人基本情况表
表3-1-1　关联企业一览表
表3-2　申请人企业组织结构框图
表3-3　申请人项目管理机构主要管理人员汇总表
表3-3-1　拟委任的项目经理资历表
表3-3-2　拟委任的项目经理(备选人)资历表
表3-3-3　拟委任的项目总工资历表
表3-3-4　拟委任的项目总工(备选人)资历表
四、近年财务状况表
五、近年完成的类似项目情况汇总表
表5-1　近年完成的类似项目情况汇总表(路基、路面工程)
表5-2　近年完成的类似项目情况汇总表(隧道工程)
表5-3　近年完成的类似项目情况汇总表(桥梁工程)
六、正在施工的和新承接的项目情况表
七、近年申请人履约信誉情况表
表7-1　近个履约信誉情况表
表7-2　近年申请人获奖情况汇总表
八、初步施工组织计划(如有)
九、其他材料(如有)

一、资格预审申请函

＿＿＿＿＿＿（招标人名称）：

1. 按照资格预审文件的要求，我方（申请人）递交的资格预审申请文件及有关资料，用于你方（招标人）审查我方参加＿＿＿＿＿＿（项目名称）＿＿＿类别施工招标的投标资格。

2. 我方的资格预审申请文件包含第二章"申请人须知"第3.1.1项规定的全部内容。

3. 我方接受你方的授权代表进行调查，以审核我方提交的文件和资料，并通过我方的客户，澄清资格预审申请文件中有关财务和技术方面的情况。

4. 你方授权代表可通过＿＿＿＿＿＿（联系人及联系方式）得到进一步的资料。

5. 我方在此声明，所递交的资格预审申请文件及有关资料内容完整、真实和准确，且不存在第二章"申请人须知"第1.4.3项规定的任何一种情形。

6. 我方在此承诺，资格预审申请文件（初步施工组织计划除外）作为施工合同文件的组成部分，对我方具有约束力。

7. 我方理解招标人有权拒绝任何申请，而无须承担任何责任，也无须招标人作任何解释。若我方通过该类别的资格预审，我方同意由交易系统随机确定我方的所投子类别，以及在报价文件开标时按招标文件的要求随机确定我方的投标标段。

8. 我方确认，若我方在申请的多个类别资格预审评审时排名均靠前，则按①＿＿＿②＿＿＿＿③＿＿＿＿……的优先顺序确定通过资格预审审查的＿＿＿＿个类别资格。（适用于有限数量制）

申请人：＿＿＿＿＿＿＿＿（加盖申请人单位电子公章）
法定代表人：＿＿＿＿＿＿（加盖法定代表人电子签名）
电话：＿＿＿＿＿＿＿＿＿＿＿＿＿＿＿＿＿＿＿＿
传真：＿＿＿＿＿＿＿＿＿＿＿＿＿＿＿＿＿＿＿＿
申请人地址：＿＿＿＿＿＿＿＿＿＿＿＿＿＿＿＿＿
邮政编码：＿＿＿＿＿＿＿＿＿＿＿＿＿＿＿＿＿＿

＿＿＿年＿＿月＿＿日

二、法定代表人身份证明及授权委托书

2-1　法定代表人身份证明

申请人名称:________________________

单 位 性 质:________________________

地　　　址:________________________

成立时间:______年____月____日

经营期限:__________________________

姓名:__________(加盖法定代表人电子签名)性别:______年龄:______职务:________

系______________(申请人名称)的法定代表人。

特此证明。

申请人:__________________(加盖申请人单位电子公章)

______年____月____日

2-2　授权委托书(如有)

本人＿＿＿＿＿＿(姓名、身份证号码)系＿＿＿＿＿＿＿＿(申请人名称)的法定代表人,现委托＿＿＿＿＿＿＿(姓名、身份证号码)为我方代理人。代理人根据授权,以我方名义编制、澄清、递交、修改＿＿＿＿＿＿(项目名称)施工资格预审文件和处理有关事宜,其法律后果由我方承担。

委托期限:＿＿＿＿＿＿。

代理人无转委托权。

申请人:＿＿＿＿＿＿＿＿(盖单位章)

法定代表人:＿＿＿＿＿＿＿＿(签字)

＿＿＿年＿＿月＿＿日

(上传授权委托书的扫描件)

三、申请人基本情况表

表 3-1　申请人基本情况表

<table>
<tr><td>申请人名称</td><td colspan="8"></td></tr>
<tr><td>注册地址</td><td colspan="4"></td><td>邮政编码</td><td colspan="3"></td></tr>
<tr><td rowspan="2">联系方式</td><td>联系人</td><td colspan="3"></td><td>电　话</td><td colspan="3"></td></tr>
<tr><td>传　真</td><td colspan="3"></td><td>电子邮件</td><td colspan="3"></td></tr>
<tr><td>法定代表人</td><td>姓名</td><td></td><td>技术职称</td><td colspan="3"></td><td>电话</td><td></td></tr>
<tr><td>技术负责人</td><td>姓名</td><td></td><td>技术职称</td><td colspan="3"></td><td>电话</td><td></td></tr>
<tr><td>成立时间</td><td colspan="2"></td><td>营业执照号</td><td colspan="5"></td></tr>
<tr><td>注册资金</td><td colspan="2"></td><td>企业资质等级</td><td colspan="5"></td></tr>
<tr><td>基本账户开户银行</td><td colspan="2"></td><td>基本账户账号</td><td colspan="5"></td></tr>
<tr><td>安全生产许可证号</td><td colspan="2"></td><td colspan="3">安全生产许可证有效期</td><td colspan="3"></td></tr>
<tr><td>经营范围</td><td colspan="8"></td></tr>
<tr><td>备　　注</td><td colspan="8"></td></tr>
</table>

注:本表填报的数据应与投标人在江西省公共资源交易系统中完成登记的信息一致。

表3-1-1　关联企业一览表

单 位 名 称	关联类型	组织机构代码证号码	营业执照号码	公司所在省、市
1. 本企业				
2. 相关联企业				
（一）母公司（控股股东）				
……				
（二）子公司（控股子公司）				
……				
（三）单位负责人（法定代表人）为同一人的公司				
……				

注：申请人必须将本单位关联企业如实填写入本表。

表 3-2　申请人企业组织结构框图

以框图方式表示
说明

表 3-3　申请人项目管理机构主要管理人员汇总表

岗位名称	姓名	性别	年龄	身份证号	职称证		建造师证			安全生产考核合格证			备注
					专业	等级	证号	专业	等级	证号	类别	有效期	
项目经理													
项目经理备选人													
项目总工													
项目总工备选人													

注:本表所列岗位名称人员均需填报,并应满足申请人须知前附表 1.4.1 的要求。

申 请 人:______________(加盖申请人单位电子公章)　　法定代表人:___________(加盖法定代表人电子签名)

表 3-3-1　拟委任的项目经理资历表

<table>
<tr><td>姓　名</td><td></td><td>公司单位
职　　务</td><td></td><td>拟在本标段
工程担任职务</td><td>项目经理</td></tr>
<tr><td>身份证号</td><td></td><td>职　称</td><td></td><td>职称证号</td><td></td></tr>
<tr><td>建造师专业</td><td colspan="2"></td><td>建造师
注册证号</td><td colspan="2"></td></tr>
<tr><td>安全生产
考核合格证号</td><td colspan="2"></td><td>安全生产考核
合格证有效期</td><td colspan="2"></td></tr>
<tr><td>毕业学校</td><td></td><td>毕业时间</td><td></td><td>所学专业</td><td></td></tr>
<tr><td colspan="6">主要工作业绩</td></tr>
<tr><td>业绩项目名称</td><td>公路等级</td><td>项目开工时间</td><td>项目完工时间</td><td colspan="2">担任何岗位</td></tr>
<tr><td>……</td><td></td><td></td><td></td><td colspan="2"></td></tr>
<tr><td>……</td><td></td><td></td><td></td><td colspan="2"></td></tr>
<tr><td colspan="6"></td></tr>
<tr><td colspan="6">获奖情况</td></tr>
<tr><td colspan="2">荣誉名称</td><td colspan="2">荣誉类别</td><td colspan="2">获奖时间</td></tr>
<tr><td colspan="2"></td><td colspan="2"></td><td colspan="2"></td></tr>
<tr><td colspan="2"></td><td colspan="2"></td><td colspan="2"></td></tr>
<tr><td colspan="6"></td></tr>
<tr><td rowspan="3">目前任职
项目状况</td><td colspan="2">项目名称</td><td colspan="3"></td></tr>
<tr><td colspan="2">担任职位</td><td colspan="3"></td></tr>
<tr><td colspan="2">可以调离日期</td><td colspan="3"></td></tr>
<tr><td>备注</td><td colspan="5"></td></tr>
</table>

注:1. 本表填报的个人信息应与交易系统中完成登记的信息一致,其业绩和获奖信息应在交易系统中完成登记。

2. 目前未在具体项目上任职的,请在备注栏说明现在负责的工作内容。

表 3-3-2　拟委任的项目经理(备选人)资历表

<table>
<tr><td>姓　名</td><td></td><td>公司单位
职　　务</td><td></td><td>拟在本标段
工程担任职务</td><td>项目经理
（备选人）</td></tr>
<tr><td>身份证号</td><td></td><td>职　称</td><td></td><td>职称证号</td><td></td></tr>
<tr><td>建造师专业</td><td colspan="2"></td><td>建造师
注册证号</td><td colspan="2"></td></tr>
<tr><td>安全生产
考核合格证号</td><td colspan="2"></td><td>安全生产考核
合格证有效期</td><td colspan="2"></td></tr>
<tr><td>毕业学校</td><td></td><td>毕业时间</td><td></td><td>所学专业</td><td></td></tr>
<tr><td colspan="6">主要工作业绩</td></tr>
<tr><td>业绩项目名称</td><td>公路等级</td><td>项目开工时间</td><td>项目完工时间</td><td colspan="2">担任何岗位</td></tr>
<tr><td>……</td><td></td><td></td><td></td><td colspan="2"></td></tr>
<tr><td>……</td><td></td><td></td><td></td><td colspan="2"></td></tr>
<tr><td colspan="6"></td></tr>
<tr><td colspan="6">获奖情况</td></tr>
<tr><td colspan="2">荣誉名称</td><td colspan="2">荣誉类别</td><td colspan="2">获奖时间</td></tr>
<tr><td colspan="2"></td><td colspan="2"></td><td colspan="2"></td></tr>
<tr><td colspan="2"></td><td colspan="2"></td><td colspan="2"></td></tr>
<tr><td colspan="6"></td></tr>
<tr><td rowspan="3">目前任职
项目状况</td><td colspan="2">项目名称</td><td colspan="3"></td></tr>
<tr><td colspan="2">担任职位</td><td colspan="3"></td></tr>
<tr><td colspan="2">可以调离日期</td><td colspan="3"></td></tr>
<tr><td>备注</td><td colspan="5"></td></tr>
</table>

注:1. 本表填报的个人信息应与交易系统中完成登记的信息一致,其业绩和获奖信息应在交易系统中完成登记。

2. 目前未在具体项目上任职的,请在备注栏说明现在负责的工作内容。

表 3-3-3　拟委任的项目总工资历表

<table>
<tr><td>姓　名</td><td></td><td>公司单位
职　　务</td><td></td><td>拟在本标段
工程担任职务</td><td>项目总工</td></tr>
<tr><td>身份证号</td><td></td><td>职　称</td><td></td><td>职称证号</td><td></td></tr>
<tr><td>建造师专业</td><td colspan="2"></td><td>建造师
注册证号</td><td colspan="2"></td></tr>
<tr><td>安全生产
考核合格证号</td><td colspan="2"></td><td>安全生产考核
合格证有效期</td><td colspan="2"></td></tr>
<tr><td>毕业学校</td><td></td><td>毕业时间</td><td></td><td>所学专业</td><td></td></tr>
<tr><td colspan="6">主要工作业绩</td></tr>
<tr><td>业绩项目名称</td><td>公路等级</td><td>项目开工时间</td><td>项目完工时间</td><td colspan="2">担任何岗位</td></tr>
<tr><td>……</td><td></td><td></td><td></td><td colspan="2"></td></tr>
<tr><td>……</td><td></td><td></td><td></td><td colspan="2"></td></tr>
<tr><td colspan="6"></td></tr>
<tr><td colspan="6">获奖情况</td></tr>
<tr><td colspan="2">荣誉名称</td><td colspan="2">荣誉类别</td><td colspan="2">获奖时间</td></tr>
<tr><td colspan="2"></td><td colspan="2"></td><td colspan="2"></td></tr>
<tr><td colspan="2"></td><td colspan="2"></td><td colspan="2"></td></tr>
<tr><td colspan="6"></td></tr>
<tr><td rowspan="3">目前任职
项目状况</td><td colspan="2">项目名称</td><td colspan="3"></td></tr>
<tr><td colspan="2">担任职位</td><td colspan="3"></td></tr>
<tr><td colspan="2">可以调离日期</td><td colspan="3"></td></tr>
<tr><td>备注</td><td colspan="5"></td></tr>
</table>

注:1. 本表填报的个人信息应与交易系统中完成登记的信息一致,其业绩和获奖信息应在交易系统中完成登记。

2. 目前未在具体项目上任职的,请在备注栏说明现在负责的工作内容。

表 3-3-4　拟委任的项目总工(备选人)资历表

姓　名		公司单位 职　　务			拟在本标段 工程担任职务	项目总工 (备选人)	
身份证号		职　称			职称证号		
建造师专业			建造师 注册证号				
安全生产 考核合格证号			安全生产考核 合格证有效期				
毕业学校		毕业时间			所学专业		
主要工作业绩							
业绩项目名称	公路等级		项目开工时间		项目完工时间	担任何岗位	
……							
……							
获奖情况							
荣誉名称		荣誉类别			获奖时间		
目前任职 项目状况	项目名称						
	担任职位						
	可以调离日期						
备注							

注:1. 本表填报的个人信息应与交易系统中完成登记的信息一致,其业绩和获奖信息应在交易系统中完成登记。

2. 目前未在具体项目上任职的,请在备注栏说明现在负责的工作内容。

四、近年财务状况表

项目或指标	单位	____年	____年	____年
一、注册资金	万元			
二、净资产	万元			
三、总资产	万元			
四、固定资产	万元			
五、流动资产	万元			
六、流动负债	万元			
七、负债合计	万元			
八、营业收入	万元			
九、净利润	万元			
十、现金流量净额	万元			
十一、主要财务指标				
1. 净资产收益率	%			
2. 总资产报酬	%			
3. 主营业务利润率	%			
4. 资产负债率	%			
5. 流动比率	%			
6. 速动比率	%			

注:本表所填报数据应与江西省公共资源交易系统中完成登记的信息一致。

申请人:________________(加盖申请人单位电子公章)

法定代表人:________________(加盖法定代表人电子签名)

五、近年完成的类似项目情况汇总表

表 5-1　近年完成的类似项目情况汇总表(路基、路面工程)

序号	项目名称	标段	合同金额(万元)	建设性质	车道数	公路等级	开工日期	交工日期	申请截止时间前完成登记日期	路基主线长度(千米)	路面类型	路面主线长度(千米)	路面表面层面积(千平方米)

注:本表所列项目业绩应在交易系统中完成登记,数据应与系统中一致。

申 请 人:______________(加盖申请人单位电子公章)　　法定代表人:___________(加盖法定代表人电子签名)

表 5-2　近年完成的类似项目情况汇总表(隧道工程)

序号	项目名称	标段	合同金额(万元)	建设性质	车道数	公路等级	开工日期	交工日期	申请截止时间前完成登记日期	隧道总长(米)	特长隧道		长隧道		中短隧道		修建(建设性质)(车道数)车道及以上(公路等级)隧道工程单洞不少于__米的(隧道规模)座数
											单洞总长(米)	座数	单洞总长(米)	座数	单洞总长(米)	座数	

注:本表所列项目业绩应在交易系统中完成登记,数据应与系统中一致。

申 请 人:______________(加盖申请人单位电子公章)　　法定代表人:____________(加盖法定代表人电子签名)

表 5-3　近年完成的类似项目情况汇总表(桥梁工程)

序号	项目名称	标段	合同金额(万元)	建设性质	车道数	公路等级	开工日期	交工日期	申请截止时间前完成登记日期	桥梁总长(m)	特大桥		大桥		跨铁路桥		修建(建设性质)(车道数)车道及以上(公路等级)桥梁工程不少于____米的(桥梁类型)座数	修建(建设性质)(车道数)车道及以上(公路等级)桥梁主跨为(主跨桥型)(主跨跨径不少于____米)的桥梁座数
											总长(m)	座数	总长(m)	座数	总长(m)	座数		

注:本表所列项目业绩应在交易系统中完成登记,数据应与系统中一致。

申请人:____________(加盖申请人单位电子公章)　　　　法定代表人:__________(加盖法定代表人电子签名)

六、正在施工的和新承接的项目情况表

项目名称	
项目所在地	
发包人名称	
发包人地址	
发包人电话	
合同价格	
开工日期	
交工日期	
承担的工作	
工程质量	
项目经理	
项目总工	
总监理工程师及电话	
项目描述	
备注	

注:1. 每张表格只填写一个项目,并标明序号。

2. 本表后应附中标通知书和(或)合同协议书复印件。

3. 本表应包含所有在建工程项目,包括正在施工、已签订合同协议书即将开工或已收到中标通知书或意向书但尚未签订合同的所有项目。

七、近年申请人履约信誉情况表

表 7-1　近年履约信誉情况表

序号	项　　目	申请人情况说明
1	是否受到责令停产、停业的行政处罚或处于财务被接管、冻结、破产状态的情况	
2	是否被江西省交通运输厅及以上管理部门取消在江西省内的投标资格或禁止进入江西省公路建设市场且处于有效期内	
3	是否出现在全国建筑市场诚信信息平台上正受到住房和城乡建设部暂扣或吊销企业资质的处罚的情况	
4	是否存在对本项目有重大影响的诉讼案件	
5	近年内是否有骗取中标或严重违约或工程施工中存在有重大工程质量事故或重、特大安全事故的行为	
6	是否在江西省交通建设市场信用信息管理系统最新发布的信用评价结果中未被评为 D 级	申请人无须填写，由交易系统自动获取申请人的信用评价结果
7	申请人、申请人的法定代表人、委托代理人、拟任项目经理（及备选人）和项目总工（及备选人）近三年内无行贿犯罪记录。（由申请人自行到企业注册地检察机关开具证明，并附在本表后）	见附件
8	申请人及其从业人员近 3 年是否存在江西省纪委驻江西省交通运输厅纪检监察部门查实（或认定）涉案金额累计在 10 万元及以上的行贿行为记录	

注：申请人应如实填写本表，如隐瞒真实情况，一旦发现将取消投标资格并将其弄虚作假行为上报省级交通主管部门，作为不良记录纳入信用系统。

申请人：________________（加盖申请人单位电子公章）

法定代表人：________________（加盖法定代表人电子签名）

表 7-2　近年申请人获奖情况汇总表

序号	获奖项目名称	获奖日期	获奖项目类别	获奖类别	奖项名称	完成登记时间	备注

注:本表所列项目业绩应在交易系统中完成登记,数据应与系统中一致。

申请人:__________(加盖申请人单位电子公章)　　　法定代表人:__________(加盖法定代表人电子签名)

八、初步施工组织计划（如有）

（总字数宜控制在5 000字以内）

一、施工组织机构、施工总平面置图、施工总体进度计划表

二、质量目标、工期目标（包括总工期、节点工期）、安全目标

三、对项目重点、难点工程的理解及施工方案、工艺流程

四、保证措施

1. 质量体系与保证措施

2. 工期保证措施

3. 人员安排与保证措施

4. 安全生产保证措施

5. 环境保护、水土保持、施工后期的场地恢复措施

6. 支付保障措施（有关农民工工资、劳务分包、材料采购、设备租赁、工程分包等的按期支付保证措施）

九、其他材料(如有)

第五章　项目建设概况

第五章　项目建设概况

一、项目说明

1. 项目位置：公路的起讫地点、里程、等级、技术标准、主要控制点；或独立大桥的桥型、荷载、跨径、桥长、桥宽、基础、水深、引道长度等；或独立隧道的长度、宽度、防水排水、衬砌和设施等。

2. 主要工程内容。

二、建设条件

1. 地形与地貌简况。

2. 地质与地震简况。

3. 水文与气象简况。

4. 交通、电力、通信及其他条件。

三、建设要求

1. 主要技术指标。

2. 工程建设规模。

3. 工期、质量、安全等要求。

四、其他需要说明的情况

1. 招标范围及标段划分。

2. 各标段主要工程量一览表。